Impressum
Verlag: BABADADA GmbH, Nedderfeld 112 , 22529 Hamburg
Geschäftsführer / Verlagsleitung: Harald Hof
Druck: Books on Demand GmbH, In de Tarpen 42, 22848 Norderstedt

Imprint
Publisher: BABADADA GmbH, Nedderfeld 112 , 22529 Hamburg, Germany
Managing Director / Publishing direction: Harald Hof
Print: Books on Demand GmbH, In de Tarpen 42, 22848 Norderstedt

בית ספר
skola

כיתה
klassrum
חילק
dividera
186/2
לוח
tavla
skolgård
מורה
lärare
נייר
papper
כתב
skriva
עט
penna
שולחן עבודה
skrivbord
סרגל
linjal
ספר
bok
תלמיד
elev

ילקוט
....
skolväska

קלמר
....
pennfodral

עיפרון
....
blyertspenna

מחדד
....
pennvässare

גומי מחיקה
....
suddgummi

חוברת סרטוט
....
ritblock

סרטוט

teckning

מברשת

pensel

קופסת צבעים

målarlåda

מספריים

sax

דבק

lim

ספר תרגול

övningsbok

שיעור בית

hemläxa

12

מספר

tal

2+2

חיבר

addera

חיסר

subtrahera

2×2

הכפיל

multiplicera

חישב

räkna

A

אות

bokstav

ABCDEFG HIJKLMN OPQRSTU VWXYZ

אלפבית

alfabet

hello

מילה

ord

טקסט

text

קרא

läsa

גיר

krita

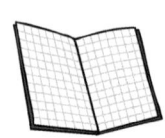

שיעור

lektion

יומן נוכחות

register

מבחן

prov

תעודה

intyg

תלבושת בית ספר

skoluniform

חינוך

utbildning

אנציקלופדיה

uppslagsverk

אוניברסיטה

universitet

מיקרוסקופ

mikroskop

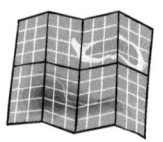

מפה

karta

סל נייר

papperskorg

נסיעה
resa

מלון
hotell
הוסטל
vandrarhem
המרת מטבע
växelkontor
מזוודה
resväska
אוטו
bil

שפה

språk

כן / לא

ja / nej

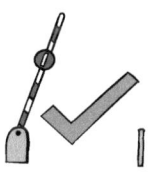

בסדר

Okay

שלום

hej

מתרגם

översättare

תודה

Tack

כמה עולה....?

hur mycket kostar…?

אני לא מבין

jag förstår inte

בעיה

problem

ערב טוב!

God kväll!

בוקר טוב!

God morgon!

לילה טוב!

God natt!

להתראות

hejdå

כיוון

riktning

כבודה

bagage

תיק

väska

תרמיל גב

ryggsäck

אורח

gäst

חדר

rum

שק שינה

sovsäck

אוהל

tält

מרכז מידע לתיירים

turistinformation

חוף ים

strand

כרטיס אשראי

kreditkort

ארוחת בוקר

frukost

ארוחת צהריים

lunch

ארוחת ערב

middag

כרטיס

biljett

מעלית

hiss

בול

frimärke

גבול

gräns

מכס

tull

שגרירות

ambassad

אשרה

visum

דרכון

pass

תחבורה

transport

מטוס
flygplan
אונייה
fartyg
כבאית
brandbil
אוטובוס
buss
משאית
lastbil
סירת מנוע
motorbåt
אופניים
cykel
אוטו
bil

מעבורת
färja

סירה
båt

אופנוע
motorcykel

ניידת משטרה
polisbil

מכונית מרוץ
racerbil

רכב שכור
hyrbil

מכוניות בשיתוף

bilpool

אוטו גרר

bärgningsbil

משאית זבל

sopbil

מנוע

motor

דלק

bränsle

תחנת דלק

bensinstation

תמרור

vägmärke

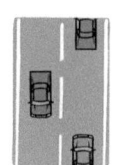

תנועה

trafik

פקק תנועה

bilkö

חניה

parkeringsplats

תחנת רכבת

tågstation

פסי רכבת

räls

רכבת

tåg

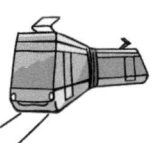

רכבת קלה

spårvagn

קרון

vagn

מסוק

helikopter

שדה-תעופה

flygplats

מגדל

torn

נוסע

passagerare

קונטיינר

container

קרטון

kartong

עגלה

vagn

סל

korg

המראה / נחיתה

starta / landa

עיר

stad

כפר

by

מרכז העיר

centrum

בית

hus

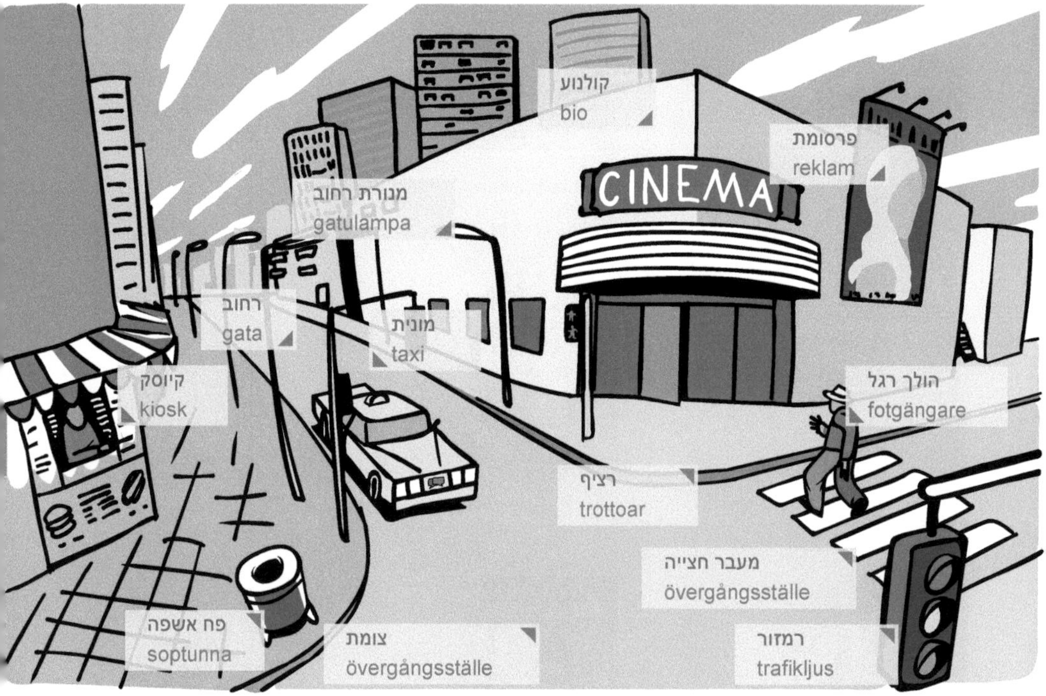

קולנוע
bio

פרסומת
reklam

מנורת רחוב
gatulampa

רחוב
gata

מונית
taxi

קיוסק
kiosk

הולך רגל
fotgängare

רציף
trottoar

מעבר חצייה
övergångsställe

פח אשפה
soptunna

צומת
övergångsställe

רמזור
trafikljus

CINEMA

בקתה

stuga

דירה

lägenhet

תחנת רכבת

tågstation

עירייה

stadshus

מוזיאון

museum

בית ספר

skola

אוניברסיטה

universitet

בנק

bank

בית חולים

sjukhus

מלון

hotell

בית מרקחת

apotek

משרד

kontor

חנות ספרים

bokhandel

חנות

affär

חנות פרחים

blomsterbutik

סופרמרקט

stormarknad

שוק

marknad

כל-בו

varuhus

מוכר דגים

fiskhandlare

קניון

köpcentrum

נמל

hamn

פארק
park

ספסל
bänk

גשר
brygga

מדרגות
trappa

רכבת תחתית
tunnelbana

מנהרה
tunnel

תחנת אוטובוס
busshållplats

בר
bar

מסעדה
restaurang

תא דואר
brevlåda

שלט רחוב
gatuskylt

מדחן
parkeringsautomat

גן חיות
zoo

בריכת שחיה
simbassäng

מסגד
moské

חווה

bondgård

זיהום

förorening

בית עלמין

kyrkogård

כנסייה

kyrka

מגרש משחקים

lekplats

בית מקדש

tempel

נוף
landskap

עלה
löv

תמרור
vägskylt

דרך
väg

מרעה
äng

אבן
sten

מטייל
liftare

עץ
träd

נהר
flod

דשא
gräs

פרח
blomma

בקעה

dal

הר

kulle

אגם

sjö

יער

skog

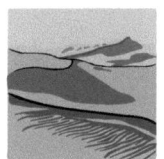

מדבר

öken

הר געש

vulkan

טירה

slott

קשת בענן

regnbåge

פטריה

svamp

דקל

palm

יתוש

mygga

זבוב

fluga

נמלה

myra

דבורה

bi

עכביש

spindel

חיפושית

skalbagge

צפרדע

groda

סנאי

ekorre

קיפוד

igelkott

ארנב

hare

ינשוף

uggla

ציפור

fågel

ברבור

svan

חזיר בר

vildsvin

צבי

rådjur

אייל הקורא

älg

סכר

damm

טורבינת רוח

vindkraftverk

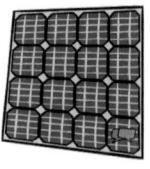

פנל סולארי

solcellspanel

אקלים

klimat

מסעדה
restaurang

מלצר
servitör
תפריט
meny
כסא
stol
מרק
soppa
פיצה
pizza
סכו"ם
bestick
מפת שולחן
bordsduk

מנת פתיחה
....
förrätt

מנה עיקרית
....
huvudrätt

קינוח
....
dessert

שתיות
....
drycker

אוכל
....
mat

בקבוק
....
flaska

מזון מהיר

snabbmat

אוכל רחוב

street food

קנקן תה

tekanna

מסכרת

sockerskål

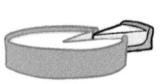

מנה

portion

מכונת אספרסו

espressomaskin

כסא תינוק

barnstol

חשבון

räkning

מגש

bricka

סכין

kniv

מזלג

gaffel

כף

sked

כפית

tesked

מפית

servett

כוס

glas

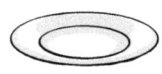

צלחת

tallrik

קערת מרק

sopptallrik

תחתית

tefat

רוטב

sås

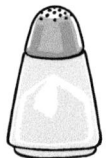

מלחייה

saltkar

מטחנת פלפל

pepparkvarn

חומץ

vinäger

שמן

olja

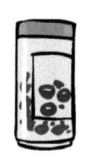

תבלינים

kryddor

קטשופ

ketchup

חרדל

senap

מיונז

majonnäs

סופרמרקט
stormarknad

מבצע
specialerbjudande
לקוח
kund
מוצרי חלב
mejeriprodukter
פירות
frukt
עגלת קניות
varukorg

אטליז

charkuteri

מאפייה

bageri

שקל

väga

ירקות

grönsaker

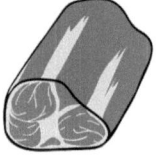

בשר

kött

מזון קפוא

frysta livsmedel

בשר קר

pålägg

שימורים

konserver

אבקת כביסה

tvättmedel

ממתקים

godis

מוצרי בית

hushållsprodukter

חומר ניקוי

rengöringsmedel

מוכרת

försäljare

קופה

kassa

קופאי

kassör

רשימת קניות

inköpslista

שעות פתיחה

öppettider

ארנק

plånbok

כרטיס אשראי

kreditkort

תיק

väska

שקית נילון

plastpåse

שתיות

drycker

מים

vatten

מיץ

juice

חלב

mjölk

קולה

cola

יין

vin

בירה

öl

אלכוהול

alkohol

קקאו

kakao

תה

te

קפה

kaffe

אספרסו

espresso

קפוצ'ינו

cappuccino

אוכל
mat

תפוז

apelsin

תפוח

äpple

בננה

banan

גזר

morot

לימון

citron

אבטיח

melon

בצל

lök

במבוק

bambu

שום

vitlök

אטריות

nudlar

אגוזים

nötter

פטריות

svamp

ספגטי
....
spaghetti

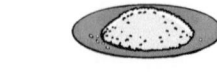

אורז
....
ris

סלט
....
sallad

צ'יפס
....
pommes frites

צ'יפס
....
stekt potatis

פיצה
....
pizza

המבורגר
....
hamburgare

כריך
....
smörgås

שניצל
....
schnitzel

שינקין
....
skinka

סלאמי
....
salami

נקניקיה
....
korv

עוף
....
kyckling

טיגון
....
stek

דג
....
fisk

שיבולת שועל

havregryn

מוזלי

müsli

קורנפלקס

cornflakes

קמח

mjöl

קרואסון

croissant

לחמנייה

fralla

לחם

bröd

טוסט

rostat bröd

עוגיות

kex

חמאה

smör

גבינה לבנה

kvarg

עוגה

kaka

ביצה

ägg

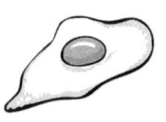

ביצת עין

stekt ägg

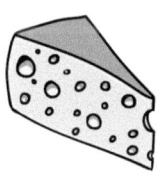

גבינה

ost

גלידה

glass

סוכר

socker

דבש

honung

ריבה

sylt

ממרח נוגט

nougatkräm

קארי

curry

חווה
bondgård

lantgård
אסם
ladugård
חבילת שחת
halmbal
שדה
fält
סוס
häst
עגלת נגרר
trailer
טרקטור
traktor
סייח
föl
חמור
åsna
כבש
får
טלה
lamm

עז
....
get

פרה
....
ko

עגל
....
kalv

חזיר
....
gris

חזרזיר
....
griskulting

שור
....
tjur

אווז

gås

ברווז

anka

אפרוח

kyckling

תרנגולת

höna

תרנגול

tupp

חולדה

råtta

חתול

katt

עכבר

mus

שור

oxe

כלב

hund

מלונה

hundkoja

צינור השקיה

trädgårdsslang

קנקן מים

vattenkanna

חרמש

lie

מחרשה

plog

מגל

skära

מגרפה

hacka

קלשון

högaffel

גרזן

yxa

מריצה

skottkärra

שוקת

tråg

כד חלב

mjölkflaska

שק

säck

גדר

staket

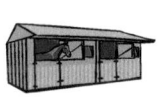

אורווה

stall

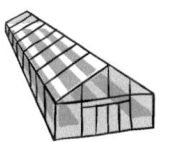

חממה

växthus

אדמה

jord

זרע

säd

דשן

gödsel

מקצרה

skördetröska

קצר

skörda

קציר

skörd

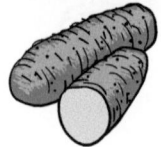

בטטה אפריקנית

jams

חיטה

vete

סויה

soja

תפוח אדמה

potatis

תירס

majs

קנולה

raps

עץ פירות

fruktträd

קסבה

maniok

דגנים

spannmål

בית

hus

ארובה
skorsten
גג
tak
מרזב
stuprör
חלון
fönster
מוסך
garage
פעמון
dörrklocka
דלת
dörr
פח אשפה
soptunna
תיבת מכתבים
brevlåda
גינה
trädgård

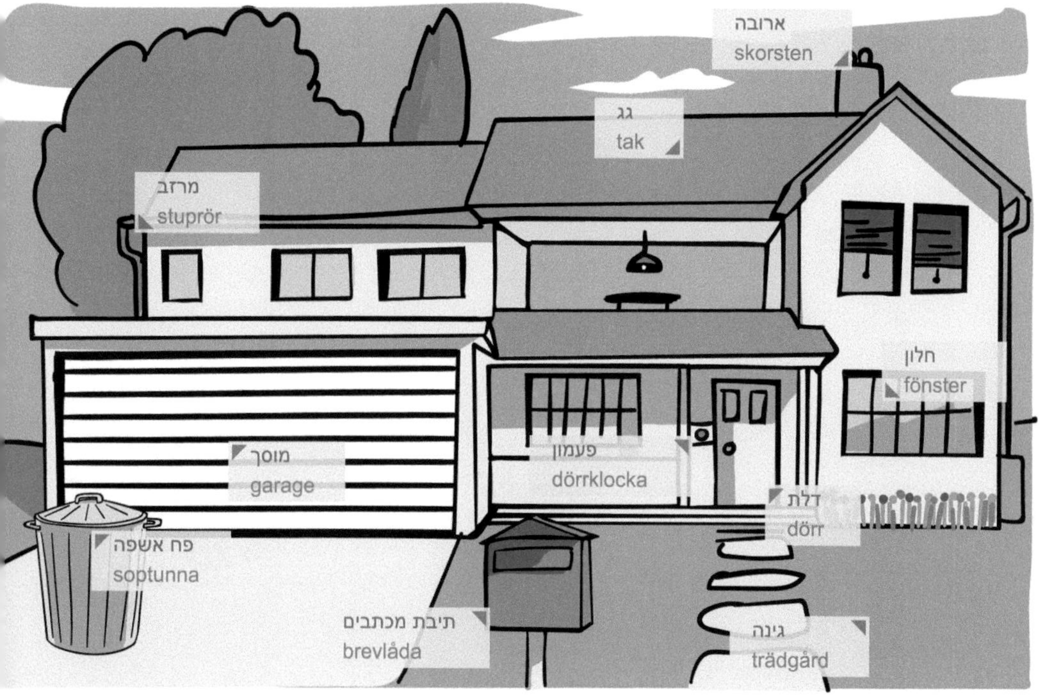

סלון
vardagsrum

חדר אמבטיה
badrum

מטבח
kök

חדר שינה
sovrum

חדר ילדים
barnrum

חדר אוכל
matsal

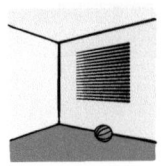

רצפה
golv

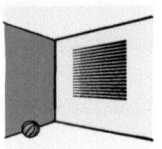

קיר
vägg

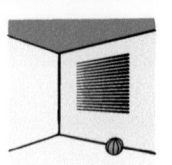

תקרה
tak

מרתף
källare

סאונה
bastu

מרפסת
balkong

מרפסת
terrass

בריכה
bassäng

מכסחת דשא
gräsklippare

סדין
lakan

כיסוי מיטה
överkast

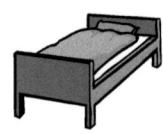

מיטה
säng

מטאטא
kvast

דלי
hink

מפסק
strömbrytare

סלון

vardagsrum

טפט
tapet
תמונה
bild
מנורה
lampa
מדף
hylla
ארון
skåp
טלוויזיה
TV
אח
eldstad
פרח
blomma
כרית
kudde
ספה
soffa
אגרטל
vas
שלט רחוק
fjärrkontroll

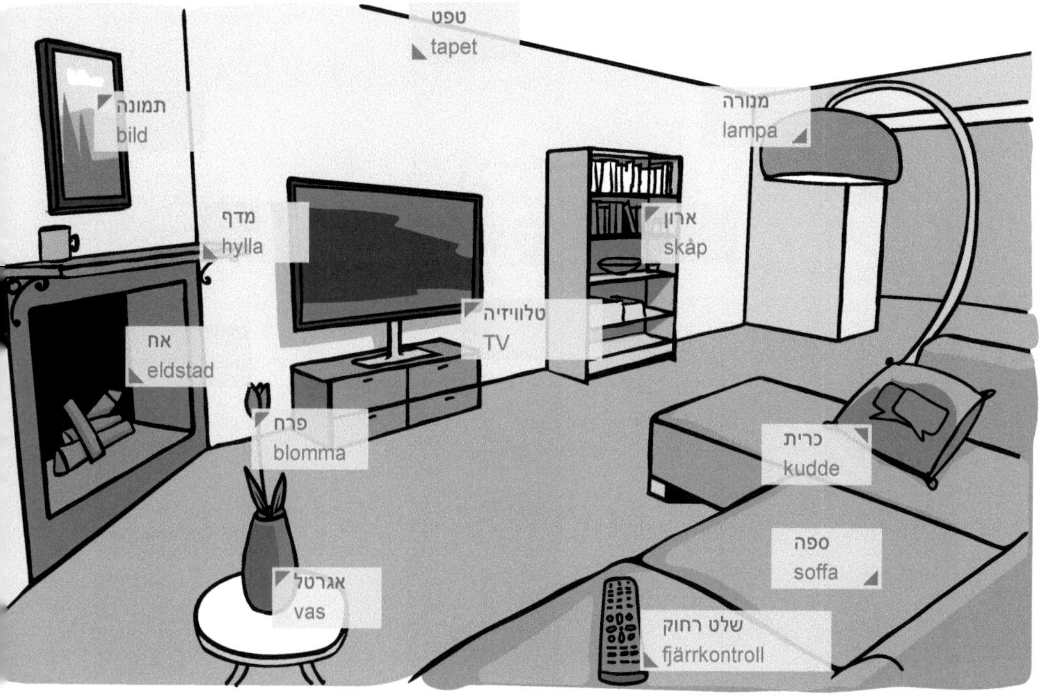

שטיח

matta

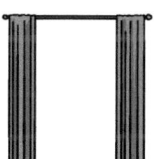

וילון

gardin

שולחן

bord

כסא

stol

כיסא נדנדה

gungstol

כורסה

fåtölj

ספר

bok

שמיכה

filt

דקורציה

dekoration

עצי הסקה

vedträ

סרט

film

מערכת סטריאו

stereoanläggning

מפתח

nyckel

עיתון

dagstidning

ציור

målning

פוסטר

poster

רדיו

radio

מחברת

anteckningsbok

שואב אבק

dammsugare

קקטוס

kaktus

נר

stearinljus

מטבח
kök

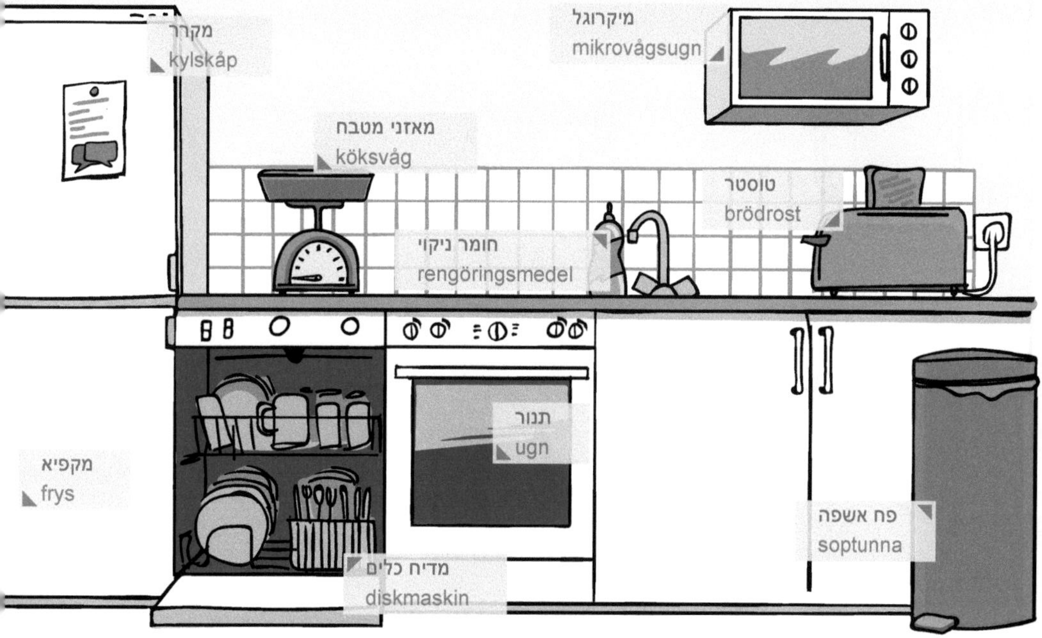
מקרר
kylskåp
מיקרוגל
mikrovågsugn
מאזני מטבח
köksvåg
טוסטר
brödrost
חומר ניקוי
rengöringsmedel
תנור
ugn
מקפיא
frys
פח אשפה
soptunna
מדיח כלים
diskmaskin

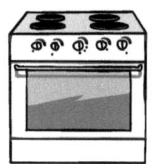

תנור
spis

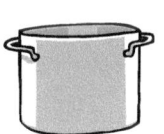

סיר
kastrull

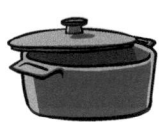

סיר ברזל
järngryta

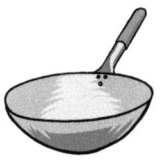

ווק
wok / kadai

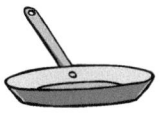

מחבת
stekpanna

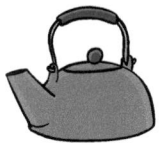

קומקום חשמלי
vattenkokare

מאדה

ångkokare

מגש אפייה

bakplåt

כלי אוכל

porslin

ספל

mugg

קערה

skål

צ'ופסטיקס

ätpinnar

מצקת

soppslev

מרית

stekspade

מטרפה

visp

מסננת בישול

durkslag

מסננת

sil

מגרדת

rivjärn

מכתש

mortel

גריל

grill

מדורה

brasa

קרש חיתוך

skärbräda

מערוך

kavel

פותחן פקקים

korkskruv

פחית

burk

פותחן קופסאות

burköppnare

מטלית

grytlapp

כיור

vask

מברשת

borste

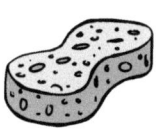

ספוג

svamp

בלנדר

mixer

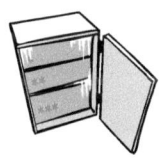

מקפיא

frys

בקבוק לתינוק

nappflaska

ברז

kran

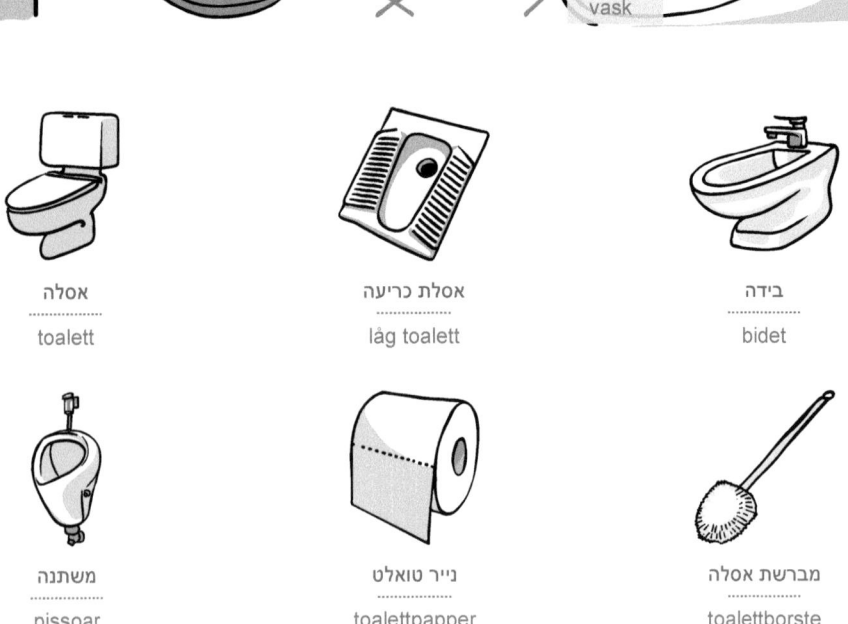

חדר אמבטיה
badrum

מקלחת
dusch
חימום
värme
מגבת
handduk
וילון מקלחת
duschdraperi
אמבטיית קצף
bubbelbad
אמבטיה
badkar
כוס
glas
מכונת כביסה
tvättmaskin
ברז
kran
אריחים
kakel
סיר לילה
potta
כיור
vask

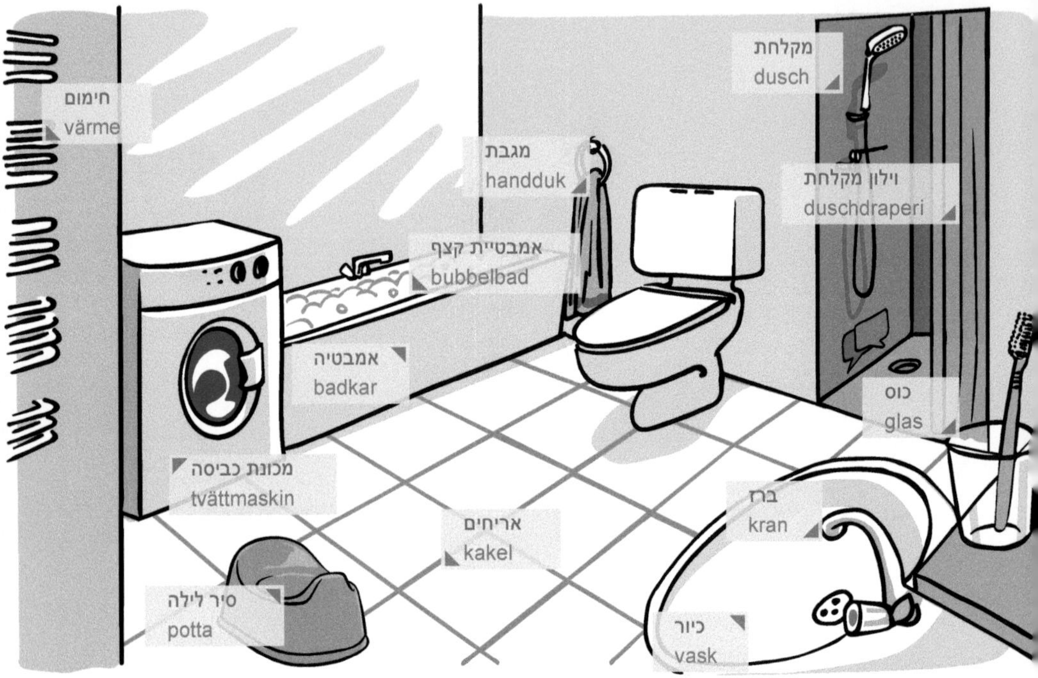

אסלה

toalett

אסלת כריעה

låg toalett

בידה

bidet

משתנה

pissoar

נייר טואלט

toalettpapper

מברשת אסלה

toalettborste

מברשת שיניים

tandborste

משחת שיניים

tandkräm

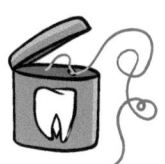

חוט דנטלי

tandtråd

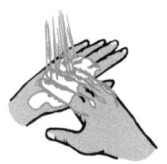

שטף

tvätta

מקלחת יד

handdusch

צינור שטיפה לשירותים

intimdusch

קערת רחצה

handfat

מברשת גב

ryggborste

סבון

tvål

ג'ל רחצה

duschgel

שמפו

schampo

ליפה

trasa

ניקוז

avlopp

קרם

crème

דיאודורנט

deodorant

מראה

spegel

מראת יד

handspegel

סכין גילוח

rakhyvel

קצף גילוח

raklödder

אפטרשייב

rakvatten

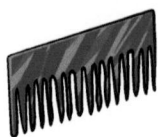

מסרק

kam

מברשת

borste

מייבש שיעור

hårtork

ספריי לשיער

hårspray

איפור

smink

שפתון

läppstift

לק

nagellack

צמר גפן

bomullsvadd

מספריים לציפורניים

nagelsax

בושם

parfym

תיק כלי רחצה

necessär

שרפרף

pall

משקל

våg

חלוק רחצה

badrock

כפפות גומי

gummihandskar

טמפון

tampong

תחבושת סניטרית

binda

שירותים כימיקליים

kemisk toalett

חדר ילדים
barnrum

שעון מעורר
väckarklocka
צעצוע חיבוק
gosedjur
מכונית צעצוע
leksaksbil
רעשן
skallra
בית בובות
dockhus
מתנה
present

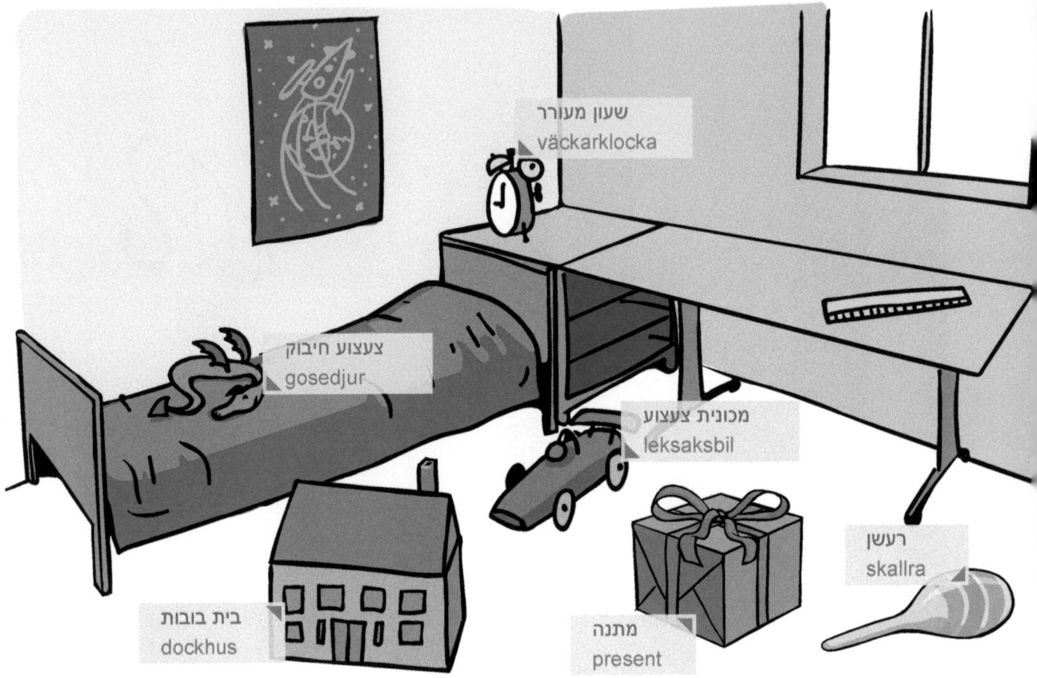

בלון
ballong

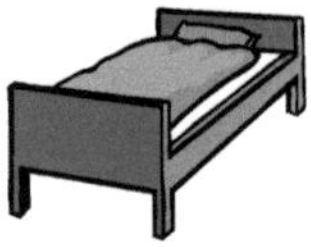

מיטה
säng

עגלה
barnvagn

משחק קלפים
kortlek

פאזל
pussel

קומיקס
serietidning

לגו

legobitar

קוביות משחק

klossar

דמות משחק

actionfigur

סרבל תינוקות

sparkdräkt

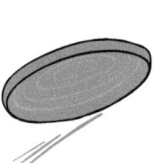

פריזבי

frisbee

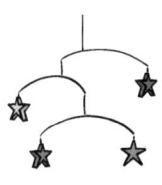

נייד

mobil

משחק לוח

brädspel

קוביה

tärning

רכבת צעצוע

modelljärnväg

מוצץ

napp

מסיבה

party

אלבום תמונות

bilderbok

כדור

boll

בובה

docka

שיחק

spela

ארגז חול

sandlåda

נדנדה

gunga

צעצועים

leksaker

קונסולת משחקים

spelkonsol

אופניים תלת גלגלי

trehjuling

דובון

nalle

ארון בגדים

garderob

בגדים

kläder

גרביים

sockar

גרביונים

strumpor

גרביון

tights

צעיף
halsduk

מטריה
paraply

חולצת טי
t-shirt

חגורה
bälte

מגפיים
stövlar

נעלי בית
tofflor

נעלי ספורט
sneakers

סנדלים
sandaler

נעליים
skor

מגפי גומי
gummistövlar

תחתונים
underbyxor

חזייה
BH

וסט
linne

גוף

body

מכנסיים

byxor

ג'ינס

jeans

חצאית

kjol

חולצה מכופתרת

blus

חולצה

skjorta

אפודה

pullover

סווצ'ר עם קפוצ'ון

sweater

בלייזר

blazer

ז'קט

jacka

מעיל

kappa

מעיל גשם

regnjacka

תלבושת

dräkt

שמלה

klänning

שמלת כלה

bröllopsklänning

חליפה

kostym

כותונת לילה

nattlinne

פיג'מה

pyjamas

סארי

sari

מטפחת ראש

slöja

טורבן

turban

בורקה

burka

קאפטן

kaftan

עבאיה

abaya

בגד ים

baddräkt

בגד ים

badbyxor

מכנסיים קצרים

shorts

בגד אימון

träningsoverall

סינר

förkläde

כפפות

handskar

כפתור

knapp

משקפיים

glasögon

צמיד יד

armband

שרשרת

halsband

טבעת

ring

עגיל

örhänge

כובע

mössa

קולב

galge

כובע

hatt

עניבה

slips

רוכסן

dragkedja

קסדה

hjälm

כתפיות

hängslen

תלבושת בית ספר

skoluniform

מדים

uniform

מפית אוכל

haklapp

מוצץ

napp

חיתול

blöja

משרד

kontor

שרת
server
תיקייה
dokumentskåp
מדפסת
skrivare
נייר
papper
מסך
bildskärm
עכבר
mus
שולחן עבודה
skrivbord
תיק
mapp
מקלדת
tangentbord
סל נייר
papperskorg
מחשב
dator
כסא
stol

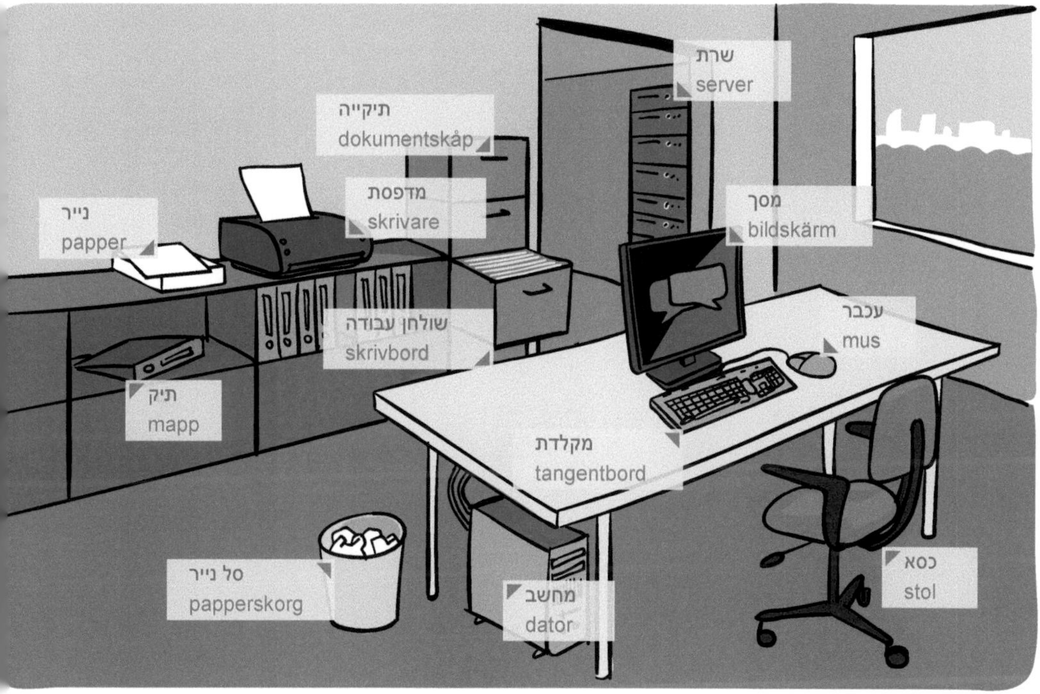

ספל קפה

kaffemugg

מחשבון

miniräknare

אינטרנט

internet

מחשב נייד

bärbar dator

מכתב

brev

הודעה

meddelande

נייד

mobiltelefon

רשת

nätverk

מכונת צילום

kopieringsapparat

תוכנה

programvara

טלפון

telefon

שקע

vägguttag

פקס

fax

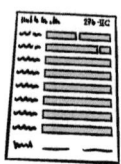

טופס

blankett

מסמך

dokument

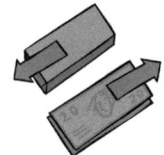

כלכלה

ekonomi

סחר

handla

שילם

betala

קנה

köpa

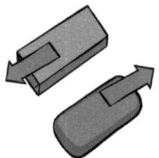

יורו

euro

דולר

dollar

כסף

pengar

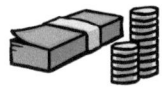

פרנק שווייצרי

schweizisk franc

רובל

rubel

ין

yen

כספומט

bankomat

רופי

rupie

יואן רנמינבי

renminbi yan

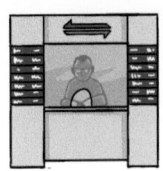

המרת מטבע

växelkontor

זהב

guld

כסף

silver

נפט

olja

אנרגיה

energi

מחיר

pris

חוזה

kontrakt

מס

skatt

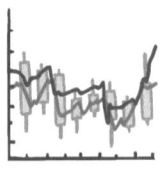

מנייה

aktie

עבד

arbeta

עובד

anställd

מעסיק

arbetsgivare

מפעל

fabrik

חנות

affär

מקצועות
yrken

כבאי
brandman
שוטר
polis
טבח
kock
רופא
läkare
טייס
pilot

גנן

trädgårdsmästare

נגר

snickare

תופרת

sömmerska

שופט

domare

כימאי

kemist

שחקן

skådespelare

נהג אוטובוס

busschaufför

נהג מונית

taxichaufför

דייג

fiskare

עובדת נקיון

städerska

מתקן גגות

takläggare

מלצר

servitör

צייד

jägare

צייר

målare

אופה

bagare

חשמלאי

elektriker

עובד בניין

byggarbetare

מהנדס

ingenjör

קצב

slaktare

אינסטלטור

rörmokare

דוור

brevbärare

חייל
soldat

אדריכל
arkitekt

קופאי
kassör

מוכר פרחים
florist

ספר
frisör

כרטיסן
konduktör

מכונאי
mekaniker

קברניט
kapten

רופא שיניים
tandläkare

מדען
vetenskapsman

רב
rabbin

אימאם
imam

נזיר
munk

כומר
präst

כלי עבודה
verktyg

צבת
tång
פטיש
hammare
מברג
skruvmejsel
פנס
ficklampa
מפתח ברגים
skiftnyckel

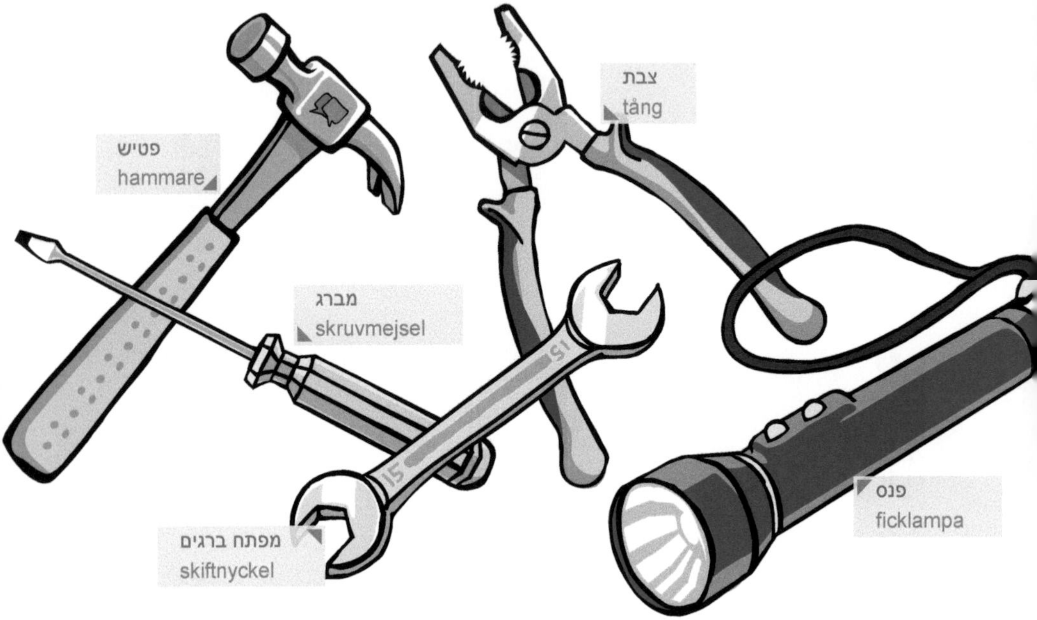

דחפור

grävmaskin

ארגז כלים

verktygslåda

סולם

stege

מסור

såg

מסמרים

spik

מקדחה

borr

תיקן

reparera

את חפירה

spade

לעזאזל!

Helvete!

יעה

sopskyffel

פח צבע

färgburk

ברגים

skruvar

כלי נגינה
musikinstrument

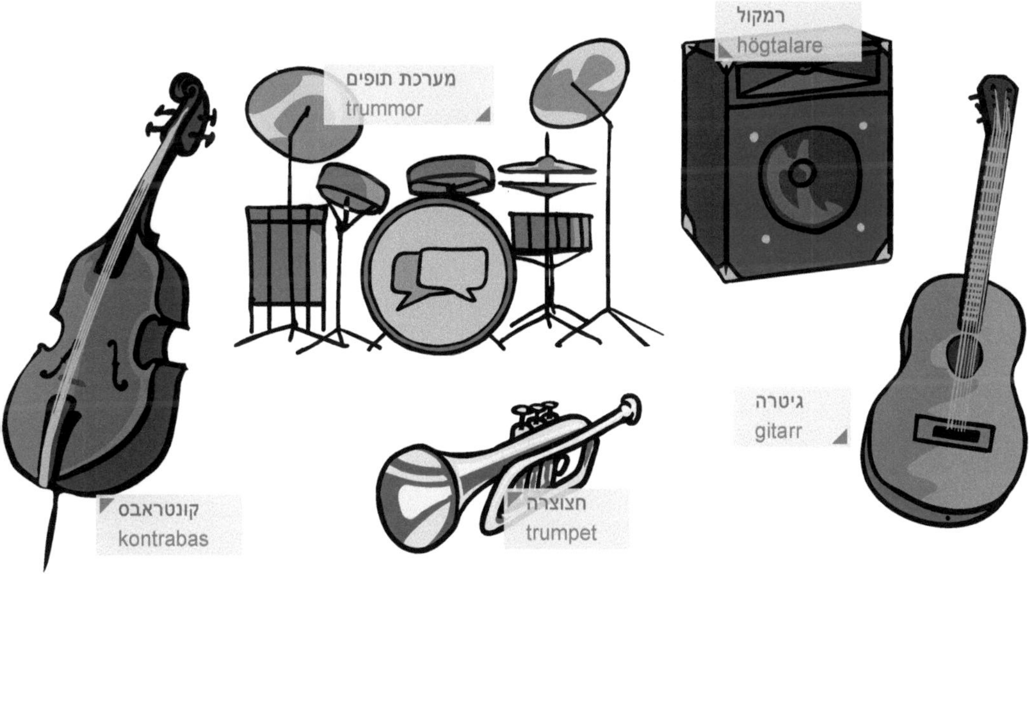

רמקול
högtalare
מערכת תופים
trummor
גיטרה
gitarr
קונטראבס
kontrabas
חצוצרה
trumpet

פסנתר

piano

כינור

violin

בס

bas

תוף הדוד

timpani

תופים

trumma

מקלדת פסנתר

keyboard

סקסופון

saxofon

חליל

flöjt

מיקרופון

mikrofon

גן חיות

zoo

כניסה
ingång
נמר
tiger
כלוב
bur
זברה
zebra
מזון לחיות
djurfoder
פנדה
panda

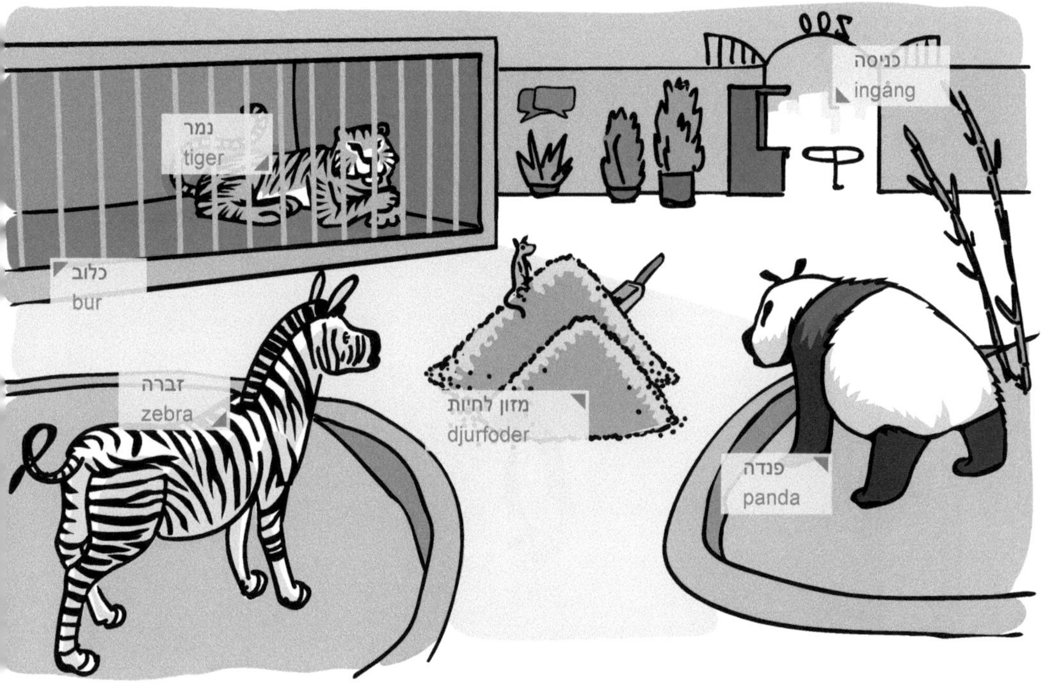

בעלי חיים

djur

פיל

elefant

קנגרו

känguru

קרנף

noshörning

גורילה

gorilla

דוב

björn

גמל
kamel

יען
struts

אריה
lejon

קוף
apa

פלמינגו
flamingo

תוכי
papegoja

דוב הקרח
isbjörn

פינגווין
pingvin

כריש
haj

טווס
påfågel

נחש
orm

תנין
krokodil

שומר גן החיות
djurskötare

כלב ים
säl

יגואר
jaguar

סוס פוני

ponny

לאופרד

leopard

היפופוטאם

flodhäst

ג'ירפה

giraff

נשר

örn

חזיר בר

vildsvin

דג

fisk

צב

sköldpadda

סוס ים

valross

שועל

räv

איילה

gazell

ספורט

sport

פוטבול אמריקאי
amerikansk fotboll
רכיבת אופניים
cykling
טניס
tennis
כדורסל
basket
שחיה
simning
הוקי
ishockey
אגרוף
boxning

כדורגל

fotboll

בדמינטון

badminton

אתלטיקה

friidrott

כדור-יד

handboll

עשה סקי

skidåkning

פולו

polo

צחק
skratta
קפץ
hoppa
חיבק
krama
הלך
gå
שר
sjunga
חלם
drömma
התפלל
be
נשק
kyssa

כתב

skriva

צייר

rita

הראה

visa

דחף

skjuta

נתן

ge

לקח

ta

יש / להיות הבעלים

hagel

עשה

göra

היה

vara

עמד

stå

רץ

springa

משך

dra

זרק

kasta

נפל

falla

שכב

ligga

חיכה

vänta

סחב

bära

ישב

sitta

התלבש

klä på

ישן

sova

התעורר

vakna

הסתכל ב-

se på

בכה

gråta

ליטף

smeka

סירק

kamma

דיבר

prata

הבין

förstå

שאל

fråga

שמע

höra

שתה

dricka

אכל

äta

סידר

städa

אהב

älska

בישל

laga mat

נהג

köra

עף

flyga

שט
segla

חישב
räkna

קרא
läsa

למד
lära sig

עבד
arbeta

התחתן
gifta sig

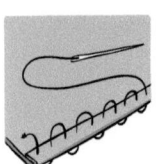

תפר
sy

ציחצח שיניים
borsta tänderna

הרג
döda

עישן
röka

שלח
skicka

משפחה
familj

סבתא
mormor/farmor
סבא
morfar/farfar
אבא
pappa
אימא
mamma
תינוק
baby
בת
dotter
בן
son

אורח

gäst

דודה

moster/faster

דוד

farbror/morbror

אח

bror

אחות

syster

גוף
kropp

מצח
panna
עין
öga
כתף
skuldra
אצבע
finger
פנים
ansikte
סנטר
haka
כף יד
hand
רגל
ben
חזה
bröst
זרוע
arm

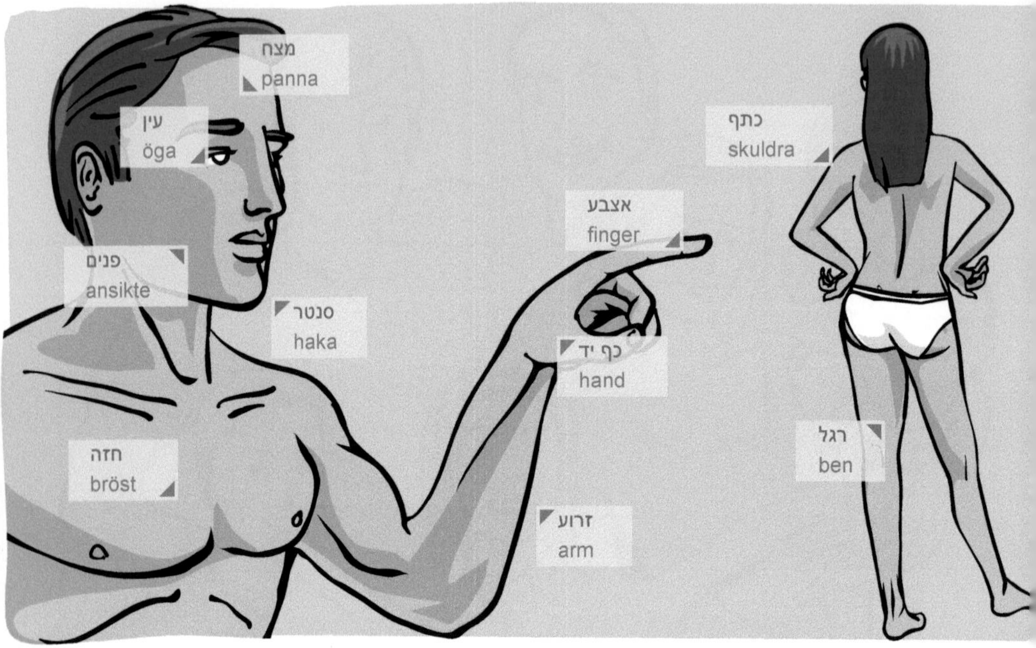

תינוק
baby

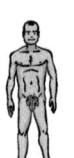

איש
man

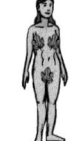

אישה
kvinna

ילדה
flicka

ילד
pojke

ראש
huvud

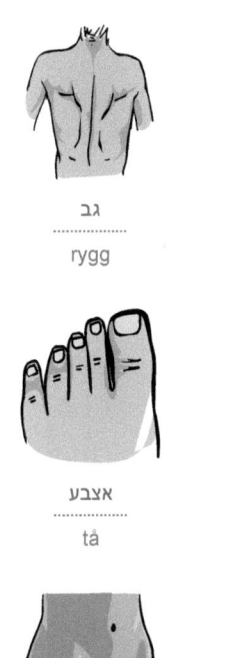	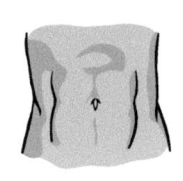	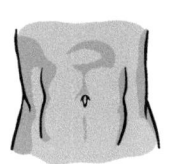
גב	בטן	טבור
rygg	mage	navel
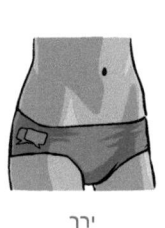	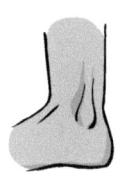	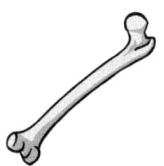
אצבע	עקב	עצם
tå	häl	ben
	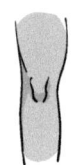	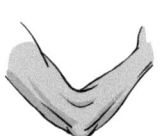
ירך	ברך	מרפק
höft	knä	armbåge
		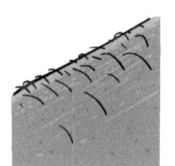
אף	עכוז	עור
näsa	stjärt	hud
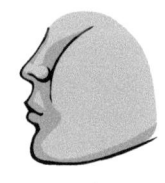	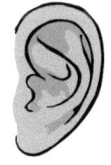	
לחי	אוזן	שפתיים
kind	öra	läpp

פה

mun

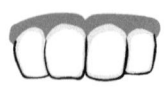

שן

tand

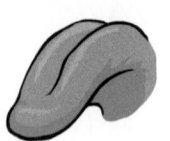

לשון

tunga

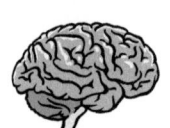

מוח

hjärna

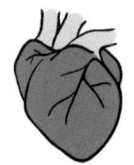

לב

hjärta

שריר

muskel

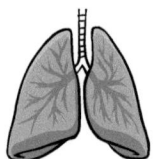

ריאה

lunga

כבד

lever

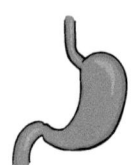

קיבה

magsäck

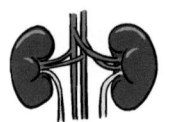

כליות

njurar

מין

sex

קונדום

kondom

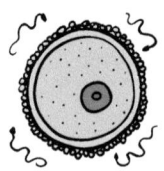

ביצית

äggcell

זרע

sperma

הריון

graviditet

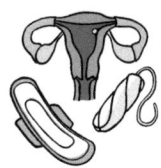

ווסת

menstruation

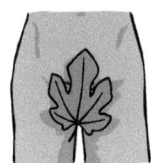

נרתיק

vagina

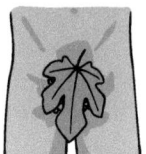

פין

penis

גבה

ögonbryn

שיער

hår

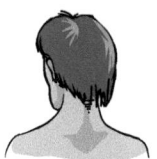

צוואר

nacke

בית חולים
sjukhus

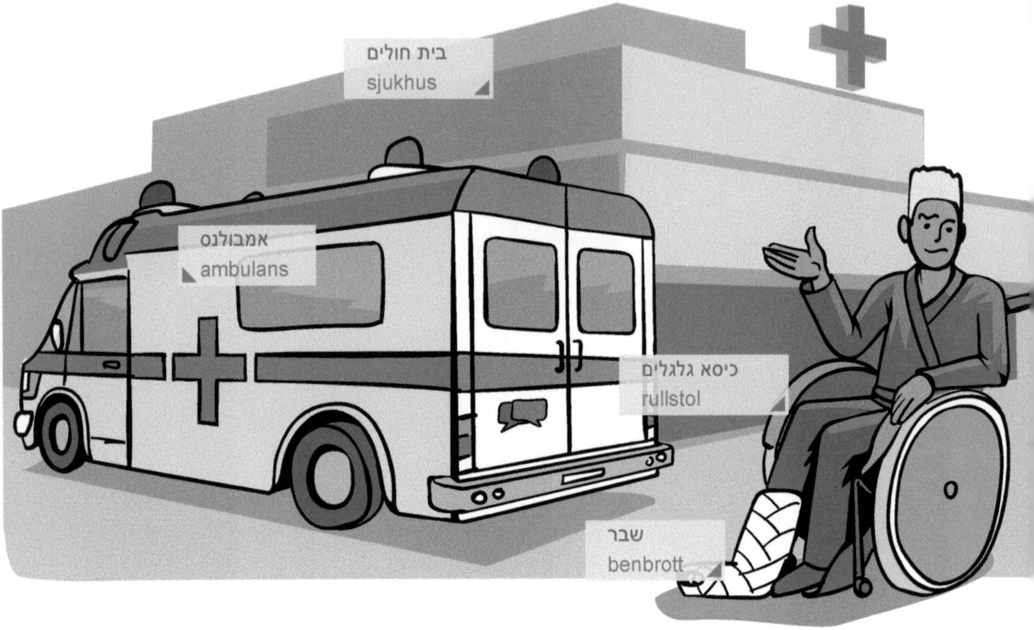

בית חולים
sjukhus

אמבולנס
ambulans

כיסא גלגלים
rullstol

שבר
benbrott

רופא
läkare

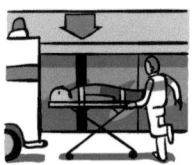

חדר מיון
akutmottagning

אחות
sjuksköterska

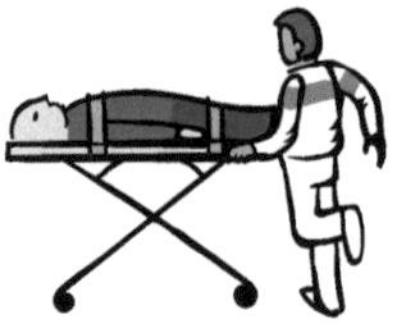

חירום
nödsituation

חסר הכרה
medvetslös

כאב
smärta

פציעה

skada

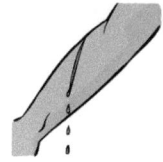

דימום

blödning

התקף לב

hjärtattack

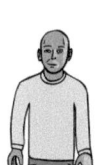

שבץ

slaganfall

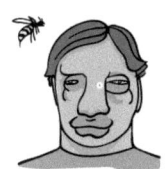

אלרגיה

allergi

שיעול

hosta

חום

feber

שפעת

influensa

שלשול

diarré

כאב ראש

huvudvärk

סרטן

cancer

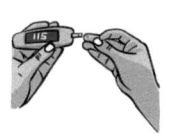

סוכרת

diabetes

מנתח

kirurg

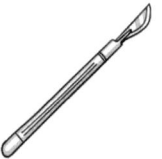

אזמל

skalpell

ניתוח

operation

סי-טי
CT

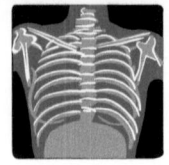

רנטגן
röntgen

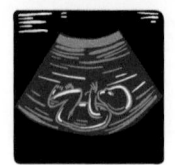

אולטרסאונד
ultraljud

מסיכת פנים
ansiktsmask

מחלה
sjukdom

חדר המתנה
väntsal

קבה
krycka

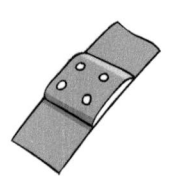

פלסטר
plåster

תחבושת
bandage

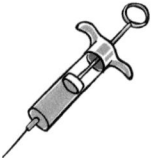

זריקה
injektion

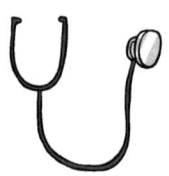

סטטוסקופ
stetoskop

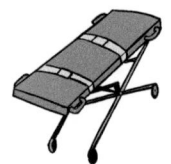

אלונקה
bår

מד חום
termometer

לידה
födsel

עודף משקל
övervikt

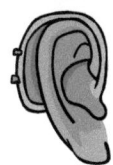

מכשיר שמיעה

hörapparat

מחטא

desinfektionsmedel

זיהום

infektion

נגיף

virus

איידס

HIV / AIDS

תרופה

medicin

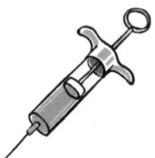

חיסון

vaccination

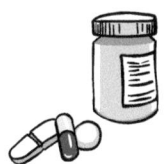

טבליות

tabletter

גלולה

p-piller

קריאת חירום

nödsamtal

מד לחץ דם

blodtrycksmätare

חולה / בריא

sjuk / frisk

חירום
nödsituation

הצילו!
Hjälp!

אזעקה
alarm

פשיטה
överfall

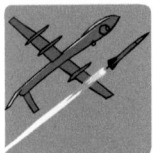

תקיפה
misshandel

סכנה
fara

יציאת חירום
nödutgång

אש!
Det brinner!

מטף כיבוי
brandsläckare

תאונה
olycka

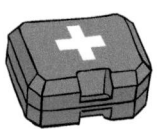

ערכת עזרה ראשונה
förbandslåda

הצילו!
SOS

משטרה
polis

כדור הארץ
Jorden

אירופה
....
Europa

צפון אמריקה
....
Nordamerika

דרום אמריקה
....
Sydamerika

אפריקה
....
Afrika

אסיה
....
Asien

אוסטרליה
....
Australien

האוקיינוס האטלנטי
....
Atlanten

האוקיינוס השקט
....
Stilla Havet

האוקיינוס ההודי
....
Indiska Oceanen

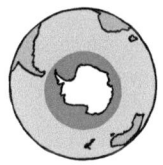

האוקיינוס האנטרקטי
....
Antarktiska Oceanen

האוקיינוס הארקטי
....
Arktiska Oceanen

הקוטב הצפוני
....
Nordpol

הקוטב הדרומי

Sydpol

אנטארקטיקה

Antarktis

כדור הארץ

Jorden

אדמה

land

ים

hav

אי

ö

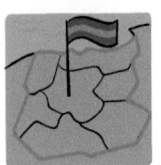

לאום

nation

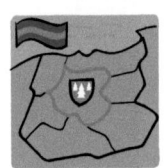

מדינה

stat

שעון
klocka

פני השעון

urtavla

מחוג השעות

timvisare

מחוג הדקות

minutvisare

מחוג השניות

sekundvisare

?מה השעה

Vad är klockan?

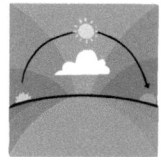

יום

dag

זמן

tid

עכשיו

nu

שעון דיגיטלי

digital klocka

דקה

minut

שעה

timme

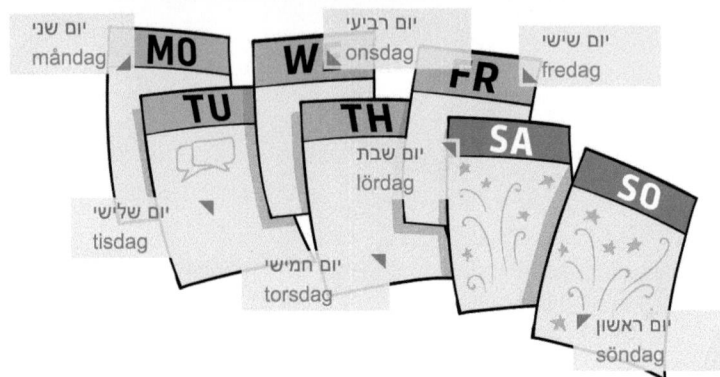

שבוע
vecka

יום שני
måndag
יום רביעי
onsdag
יום שישי
fredag
יום שבת
lördag
יום שלישי
tisdag
יום חמישי
torsdag
יום ראשון
söndag

אתמול
igår

היום
idag

מחר
imorgon

בוקר
morgon

צהריים
middag

ערב
kväll

ימי עבודה
vardagar

סוף שבוע
helg

שנה
år

קשת בענן
regnbåge
גשם
regn
שלג
snö
רוח
vind
אביב
vår
סתיו
höst
קיץ
sommar
חורף
vinter

4.APRIL 11°
5.APRIL 4°
6.APRIL 13°
7.APRIL 8°
8.APRIL 10°

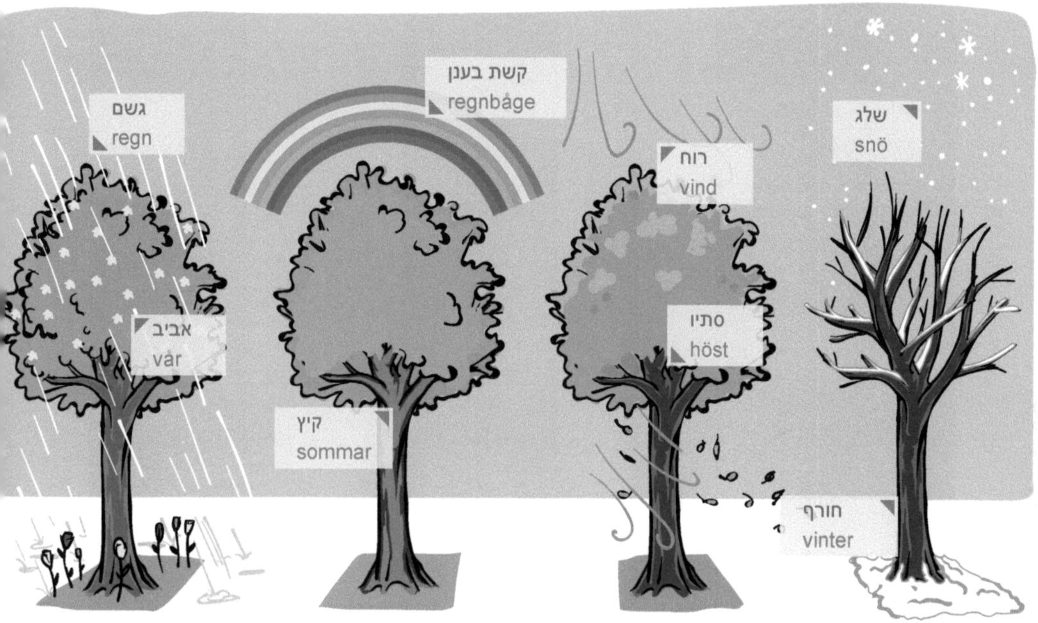

תחזית מזג האוויר
....
väderprognos

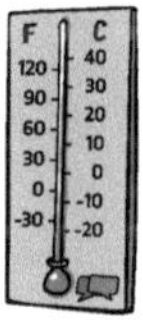

מד חום
....
termometer

אור שמש
....
solsken

ענן
....
moln

ערפל
....
dimma

לחות
....
luftfuktighet

ברק

blixt

רעם

åska

סערה

storm

ברד

hagel

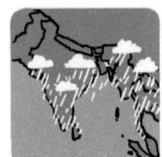

רוח עונתי

monsun

שיטפון

översvämning

קרח

is

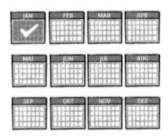

ינואר

januari

פברואר

februari

מרץ

mars

אפריל

april

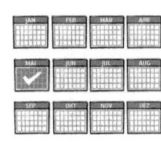

מאי

maj

יוני

juni

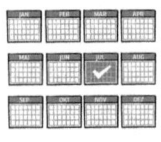

יולי

juli

אוגוסט

augusti

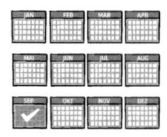

ספטמבר

septembre

אוקטובר

oktober

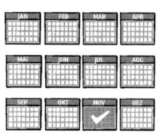

נובמבר

november

דצמבר

december

צורות

former

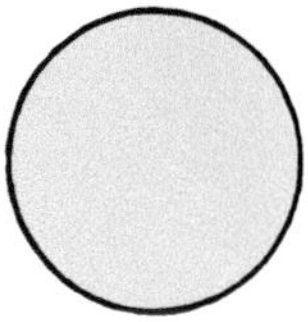

עיגול

cirkel

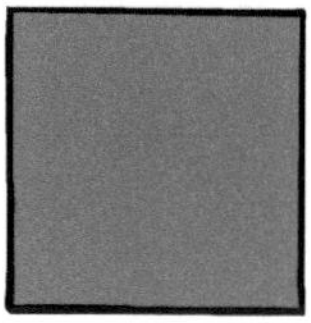

מרובע

kvadrat

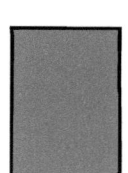

מלבן

rektangel

משולש

triangel

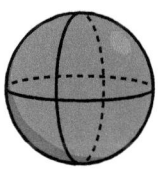

כדור

sfär

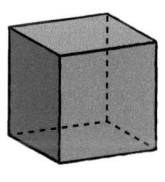

קובייה

kub

צבעים
färger

לבן

vit

צהוב

gul

כתום

orange

ורוד

rosa

אדום

röd

סגול

lila

כחול

blå

ירוק

grön

חום

brun

אפור

grå

שחור

svart

הפכים

motsatser

יפה / מכוער

vacker / ful

כועס / רגוע

arg / lugn

הרבה / מעט

mycket / lite

בהיר / כהה

ljus / mörk

גדול / קטן

stor / liten

התחלה / סוף

början / slut

שלם / חלקי

komplett / ofullständig

נקי / מלוכלך

ren / smutsig

אח / אחות

bror / syster

רחב / צר

bred / smal

מת / חי

död / levande

יום /לילה

dag / natt

אכיל / לא אכיל

ätlig / oätlig

רשע / טוב לב

ond / god

מתרגש / משועמם

upphetsad / uttråkad

שמן / רזה

tjock / smal

ראשון / אחרון

först / sist

חבר / אויב

vän / fiende

מלא / ריק

full / tom

קשה / רך

hård / mjuk

כבד / קל

tung / lätt

רעב / צמא

hunger / törst

חולה / בריא

sjuk / frisk

בלתי-חוקי / חוקי

olaglig / laglig

נבון / טיפש

intelligent / dum

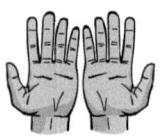

שמאל / ימין

vänster / höger

קרוב / רחוק

nära / långt bort

חדש / משומש

ny / begagnad

כלום / משהו

inget / något

זקן / צעיר

gammal / ung

פעיל / כבוי

på / av

פתוח / סגור

öppen / stängd

שקט / רועש

tyst / högljudd

עשיר / עני

rik / fattig

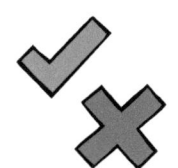

נכון / שגוי

rätt / fel

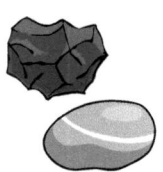

מחוספס / חלק

grov / slät

עצוב / שמח

ledsen / glad

קצר / ארוך

kort / lång

איטי / מהיר

långsam / snabb

רטוב / יבש

våt / torr

חם / קר

varm / sval

מלחמה / שלום

krig / fred

מספרים
siffror

0	1	2
אפס	אחת	שתיים
noll	ett	två
3	4	5
שלוש	ארבע	חמש
tre	fyra	fem
6	7	8
שש	שבע	שמונה
sex	sju	åtta
9	10	11
תשע	עשר	אחת-עשרה
nio	tio	elva

12
שתים-עשרה
tolv

13
שלוש-עשרה
tretton

14
ארבע-עשרה
fjorton

15
חמש-עשרה
femton

16
שש-עשרה
sexton

17
שבע-עשרה
sjutton

18
שמונה-עשרה
arton

19
תשע-עשרה
nitton

20
עשרים
tjugo

100
מאה
hundra

1.000
אלף
tusen

1.000.000
מיליון
miljon

שפות

språk

אנגלית

engelska

אנגלית אמריקאית

amerikansk engelska

סינית מנדרינית

kinesisk mandarin

הודית

hindi

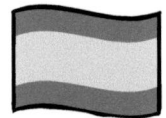

ספרדית

spanska

צרפתית

franska

ערבית

arabiska

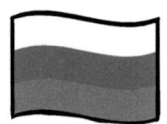

רוסית

ryska

פורטוגזית

portugisiska

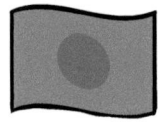

בנגלית

bengali

גרמנית

tyska

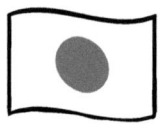

יפנית

japanska

מי / מה / איך
vem / vad / hur

אני
jag

אתה / את
du

הוא / היא / זה
han / hon / den (det)

אנחנו
vi

אתם
ni

הם
de

?מי
vem?

?מה
vad?

?איך
hur?

?איפה
var?

?מתי
när?

שם
namn

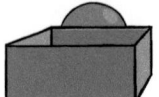

איפה

var

מאחור

bakom

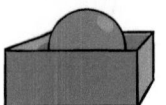

בתוך

i

לפני

framför

מעל

över

על

på

מתחת

under

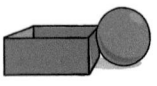

ליד

bredvid

בין

mellan

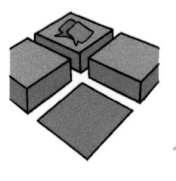

מקום

plats